AF551476

5 JAHRE

Mein Tagebuch mit
365 Fragen

Herzlich willkommen in deinem ganz besonderen Tagebuch! Schlage einfach das heutige Datum auf, ergänze die Jahreszahl in der ersten Zeile um das aktuelle Jahr und lass dich von der Frage des Tages inspirieren. Halte eine außergewöhnliche Erinnerung, einen motivierenden Gedanken oder einen aufregenden Wunsch fest. Ist das Jahr um, gehst du über zum zweiten Abschnitt und so fort. So entsteht Tag für Tag und Jahr für Jahr ein einzigartiges Tagebuch deiner persönlichen Entwicklung.

Emil-Hoffmann-Straße 1, D-50996 Köln
Autorin: Esther Neuberg
Redaktion: Axel Gierke
Gesamtherstellung:
Naumann & Göbel Verlagsgesellschaft mbH, Köln

ISBN 978-3-625-18618-2

www.naumann-goebel.de

Was wünsche ich mir
für dieses Jahr?

JANUAR

20

20

20

20

20

JANUAR

Was möchte ich dieses Jahr ein bisschen besser machen?

20

20

20

20

20

JANUAR

Was möchte ich dieses Jahr auf jeden Fall beibehalten?

20

20

20

20

20

JANUAR

Wie sähe heute mein idealer Tag aus?

20 ....

....

....

....

20 ....

....

....

....

20 ....

....

....

....

20 ....

....

....

....

20 ....

....

....

....

An welchen Dingen
hängt mein Herz?

JANUAR

20

20

20

20

20

JANUAR

Wem möchte ich gerne einen Gruß schicken?

20

20

20

20

20

Welchen Tagtraum
hatte ich heute?

JANUAR

20

20

20

20

20

JANUAR

Was nasche ich im Moment am liebsten?

20

20

20

20

20

Womit habe ich mich
selbst überrascht?

JANUAR

20

20

20

20

20

Welchen Luxus habe ich mir heute gegönnt?

20

20

20

20

20

Worauf möchte ich in Zukunft besser achtgeben?

JANUAR

20 ……………………………………

……………………………………

……………………………………

……………………………………

20 ……………………………………

……………………………………

……………………………………

……………………………………

20 ……………………………………

……………………………………

……………………………………

……………………………………

20 ……………………………………

……………………………………

……………………………………

……………………………………

20 ……………………………………

……………………………………

……………………………………

……………………………………

JANUAR

Wessen Meinung ist mir wichtig?

20

20

20

20

20

Wobei könnte ich Geld sparen?

JANUAR

20

20

20

20

20

JANUAR

Wem möchte ich wofür gerne danken?

20

20

20

20

20

Worüber konnte ich
heute lachen?

JANUAR

20

20

20

20

20

JANUAR

Wie sitzt meine Lieblingshose?

20

20

20

20

20

JANUAR

Was hat mich heute beeindruckt?

20

20

20

20

20

JANUAR

Welche Urlaubsreisen habe ich für dieses Jahr schon geplant?

20

20

20

20

20

Was würde ich noch
gerne lernen?

JANUAR

20 ....

....

....

....

20 ....

....

....

....

20 ....

....

....

....

20 ....

....

....

....

20 ....

....

....

....

JANUAR

Welche Situation hat
mein Herz berührt?

20 ……………………………………

20 ……………………………………

20 ……………………………………

20 ……………………………………

20 ……………………………………

Worüber bin ich erschrocken?

JANUAR

20

20

20

20

20

JANUAR

Welche Eigenschaften schätze ich an anderen Menschen ganz besonders?

20

20

20

20

20

Welche Eigenschaften
finde ich an mir
besonders liebenswert?

JANUAR

20

20

20

20

20

JANUAR

Was hätte ich gerne schon vor zehn Jahren gewusst?

20

20

20

20

20

Wie sieht mein perfekter
Sonntagmorgen aus?

JANUAR

20

20

20

20

20

Welche fünf Menschen sind mir die wichtigsten?

20

20

20

20

20

In welcher Situation war ich heute ganz bei mir?

JANUAR

20

20

20

20

20

Unter welches Motto möchte ich den heutigen Tag stellen?

20

20

20

20

20

Was war meine letzte gute Tat?

JANUAR

20

20

20

20

20

JANUAR

Wofür arbeite ich?

20

20

20

20

20

Wovon träume ich?

31
JANUAR

20

20

20

20

20

FEBRUAR

Was möchte ich im Sommer unbedingt tragen?

20 ....

....

....

....

20 ....

....

....

....

20 ....

....

....

....

20 ....

....

....

....

20 ....

....

....

....

Bei welchem Leinwandstar gerate ich ins Schwärmen?

FEBRUAR

20

20

20

20

20

FEBRUAR

Welche gesunden Lebensmittel stehen regelmäßig auf meiner Einkaufsliste?

20

20

20

20

20

Welche verrückte Idee
würde ich gerne in
die Tat umsetzen?

FEBRUAR

20

20

20

20

20

FEBRUAR

Zu welcher Party
bin ich eingeladen?

20 ....

....

....

....

20 ....

....

....

....

20 ....

....

....

....

20 ....

....

....

....

20 ....

....

....

....

In welcher Situation musste ich mich mächtig zusammenreißen?

FEBRUAR

20

20

20

20

20

FEBRUAR

Was begeistert mich?

20 ....

20 ....

20 ....

20 ....

20 ....

8
FEBRUAR

Was langweilt mich?

20

20

20

20

20

FEBRUAR

Womit kann man mich leicht bezirzen?

20 ....

....

....

....

20 ....

....

....

....

20 ....

....

....

....

20 ....

....

....

....

20 ....

....

....

....

Was habe ich zuletzt höflich,
aber bestimmt abgelehnt?

FEBRUAR

20 ....

20 ....

20 ....

20 ....

20 ....

FEBRUAR

Wie gelungen finde ich den bisherigen Start ins Jahr?

20

20

20

20

20

Welche Erkenntnis
hatte ich heute?

FEBRUAR

20

20

20

20

20

Worauf habe ich zuletzt gewettet?

20

20

20

20

20

FEBRUAR

Wen würde ich gerne küssen?

20

20

20

20

20

FEBRUAR

Wen bewundere ich?

20

20

20

20

20

Wer hat mich überrascht?

16
FEBRUAR

20

20

20

20

20

FEBRUAR

Welcher Herausforderung möchte ich mich stellen?

20

20

20

20

20

Was tut mir gut?

18
FEBRUAR

20

20

20

20

20

Wofür setze ich mich entschieden ein?

20

20

20

20

20

Wofür möchte ich mir mehr Zeit nehmen?

20

20

20

20

20

FEBRUAR

Welchem Menschen,
der mich einst verletzt hat,
kann ich heute verzeihen?

20

20

20

20

20

Wenn ich mir einen Namen aussuchen könnte: Wie würde ich gerne heißen?

FEBRUAR

20

20

20

20

20

FEBRUAR

Was verschiebe ich lieber auf morgen?

20

20

20

20

20

Wann war ich das
letzte Mal krank?

FEBRUAR

20

20

20

20

20

Worüber wundere ich mich?

20

20

20

20

20

26 FEBRUAR

Was gibt meinem Leben Pep?

20 ____ ....

20 ____ ....

20 ____ ....

20 ____ ....

20 ____ ....

FEBRUAR

Wo sehe ich mich in einem Jahr?

20

20

20

20

20

Wo sehe ich mich in fünf Jahren?

FEBRUAR

20

20

20

20

20

FEBRUAR

Schaltjahr? Wie kann ich diesen zusätzlichen Tag zu etwas Besonderem machen?

20

20

20

20

20

Worüber freue ich mich besonders, wenn die Tage wieder länger werden?

MÄRZ

20

20

20

20

20

MÄRZ

Zu welchem Traumziel möchte ich unbedingt einmal reisen?

20

20

20

20

20

In welcher Situation habe ich besonders schlagfertig reagiert?

MÄRZ

20

20

20

20

20

MÄRZ

Auf was bin ich stolz?

20

20

20

20

20

Was könnte ich niemals tun?

MÄRZ

20

20

20

20

20

MÄRZ

Bodycheck: Wie viele Liegestützen schaffe ich?

20

20

20

20

20

Wie viel Schlaf brauche ich?

MÄRZ

20

20

20

20

20

MÄRZ

Was hat mir heute Lust auf mehr gemacht?

20

20

20

20

20

Was finde ich an mir
charmant-unperfekt?

MÄRZ

20

20

20

20

20

MÄRZ

Was ist mir heute leicht von der Hand gegangen?

20

20

20

20

20

Mit welchem Ritual starte ich gerne ins Wochenende?

MÄRZ

20 ……………………………………

……………………………………

……………………………………

……………………………………

20 ……………………………………

……………………………………

……………………………………

……………………………………

20 ……………………………………

……………………………………

……………………………………

……………………………………

20 ……………………………………

……………………………………

……………………………………

……………………………………

20 ……………………………………

……………………………………

……………………………………

……………………………………

MÄRZ

Wessen Erfolg ist
mir ein Rätsel?

20

20

20

20

20

Finde ich die Welt eher gut oder eher schlecht? Und weshalb?

20

20

20

20

20

14 MÄRZ

Was kann ich morgens tun, damit der Tag in die richtige Richtung geht?

20

20

20

20

20

Wie bin ich mir selbst
eine gute Freundin oder
ein guter Freund?

MÄRZ

20

20

20

20

20

MÄRZ

Was fällt mir leichter als anderen?

20

20

20

20

20

Was hat mich zuletzt aus
der Fassung gebracht?

MÄRZ

20

20

20

20

20

MÄRZ

Wem habe ich zuletzt geholfen?

20

20

20

20

20

Was male ich mir gerne aus?

19

MÄRZ

20

20

20

20

20

MÄRZ

Welche Frage mag ich gar nicht?

20

20

20

20

20

Was möchte ich einfach akzeptieren und loslassen?

MÄRZ

20

20

20

20

20

MÄRZ

Welche drei Adjektive beschreiben mein Liebesleben?

20

20

20

20

20

Was würde ich auf eine einsame Insel mitnehmen?

MÄRZ

20

20

20

20

20

Welche Farbe trage ich zurzeit am liebsten?

20

20

20

20

20

Was möchte ich mir unbedingt merken?

MÄRZ

20

20

20

20

20

Was hilft meiner Kreativität auf die Sprünge?

20 ....

20 ....

20 ....

20 ....

20 ....

MÄRZ

Winterspeck adé?
Was zeigt die Waage?

20

20

20

20

20

Was bedeutet beruflicher Erfolg für mich?

20

20

20

20

20

Was ist mir in meinem
Privatleben wichtig?

20 ....

20 ....

20 ....

20 ....

20 ....

Welche Entscheidung würde ich gerne rückgängig machen?

20

20

20

20

20

Was hat heute
prima geklappt?

MÄRZ

20 ....

....

....

....

20 ....

....

....

....

20 ....

....

....

....

20 ....

....

....

....

20 ....

....

....

....

APRIL

Wen habe ich heute womit in den April geschickt?

20

20

20

20

20

Wie verbringe ich
die Ostertage?

APRIL

20

20

20

20

20

APRIL

Was möchte ich heute zum ersten Mal in meinem Leben tun?

20

20

20

20

20

Von welchem Gegenstand
kann ich mich nicht trennen?

APRIL

20

20

20

20

20

APRIL

Auf welches kulturelle Event freue ich mich?

20

20

20

20

20

Welche Kleinigkeiten machen mir gute Laune?

APRIL

20

20

20

20

20

APRIL

Was würde ich als Kanzlerin
oder Kanzler sofort tun?

20

20

20

20

20

Welche drei Adjektive beschreiben meine Familie?

APRIL

20

20

20

20

20

APRIL

Welche richtig lästige Sache möchte ich mir gerne abgewöhnen?

20

20

20

20

20

Welches Bild, das ich von einem Menschen hatte, musste ich deutlich korrigieren?

APRIL

20

20

20

20

20

APRIL

Was hat mich heute erstaunt?

20

20

20

20

20

An wen habe ich heute gedacht?

APRIL

20

20

20

20

20

APRIL

Wenn ich in den Spiegel schaue, was an mir mag ich besonders?

20

20

20

20

20

Wer war heute besonders liebenswert zu mir?

APRIL

20

20

20

20

20

APRIL

Wann hatte ich zuletzt
Spaß wie ein Kind?

20

20

20

20

20

Welches Wort verwende
ich gerade gerne?

APRIL

20

20

20

20

20

APRIL

In welcher Situation musste ich über mich selbst lachen?

20

20

20

20

20

Wobei möchte ich mir endlich einen Ruck geben?

APRIL

20

20

20

20

20

Was entspannt mich nach einem stressigen Tag?

20

20

20

20

20

Welche Rolle würde ich gerne in einem Film spielen?

APRIL

20

20

20

20

20

APRIL

Mit welcher Notlüge habe ich mich zuletzt aus einer verfahrenen Situation gerettet?

20

20

20

20

20

Würde ich lieber in die Zukunft oder in die Vergangenheit reisen? Und wie weit?

APRIL

20

20

20

20

20

APRIL

Welches Hobby habe ich neu für mich entdeckt?

20

20

20

20

20

Über was konnte ich heute gar nicht lachen?

APRIL

20

20

20

20

20

APRIL

Welchen Städtetrip möchte ich gerne unternehmen?

20

20

20

20

20

Wen fand ich heute besonders hübsch?

APRIL

20

20

20

20

20

APRIL

Was haben meine Eltern mir Gutes mit auf den Weg gegeben?

20

20

20

20

20

Welche Begegnung hat mich heute besonders berührt?

APRIL

20

20

20

20

20

APRIL

Wer hat eine zweite Chance verdient?

20

20

20

20

20

Was war für mich der schönste
Moment des Tages?

APRIL

20

20

20

20

20

MAI

Bei welcher Person habe ich Schmetterlinge im Bauch?

20

20

20

20

20

Würde ich gerne wiedergeboren werden? Wenn ja, als was?

MAI

20

20

20

20

20

MAI

Wie viel Zeit nehme ich mir zum Kochen?

20 ....

....

....

....

20 ....

....

....

....

20 ....

....

....

....

20 ....

....

....

....

20 ....

....

....

....

Was würde mich heute glücklich machen?

MAI

20

20

20

20

20

MAI

Wer ist meine beste Freundin oder mein bester Freund?

20

20

20

20

20

Was möchte ich heute erledigen?

MAI

20

20

20

20

20

MAI

Was gibt mir Kraft?

20

20

20

20

20

Wen habe ich zuletzt umarmt?

MAI

20

20

20

20

20

MAI

Was hätte ich besser
für mich behalten?

20

20

20

20

20

Über welche kleine Geste habe ich mich heute gefreut?

MAI

20

20

20

20

20

MAI

Was ist zurzeit mein Lieblingsrestaurant?

20

20

20

20

20

Worüber habe ich heute geschmunzelt?

MAI

20

20

20

20

20

Welchen Song kann ich gerade rauf und runter hören?

20

20

20

20

20

Über welche Dummheit
kann ich heute lachen?

20

20

20

20

20

MAI

An welcher Stelle wäre ich gerne etwas lockerer?

20

20

20

20

20

Was ist mir heute geglückt?

MAI

20

20

20

20

20

MAI

Welches aufregende Ereignis steht demnächst an?

20 ______

20 ______

20 ______

20 ______

20 ______

Was sind meine schönsten Kindheitserinnerungen?

20

20

20

20

20

MAI

Worin bin ich ein Naturtalent?

20

20

20

20

20

Auf wen kann ich mich verlassen?

MAI

20

20

20

20

20

MAI

Welchen Konflikt
möchte ich lösen?

20

20

20

20

20

Womit habe ich es mir heute gemütlich gemacht?

MAI

20 ....

....

....

....

20 ....

....

....

....

20 ....

....

....

....

20 ....

....

....

....

20 ....

....

....

....

MAI

Was möchte ich unbedingt noch mal erleben?

20 ______

20 ______

20 ______

20 ______

20 ______

Welche TV-Serie schaue ich regelmäßig?

MAI

20

20

20

20

20

Was liegt mir auf der Seele?

20

20

20

20

20

Was inspiriert mich?

MAI

20

20

20

20

20

Wer kann mir den Buckel herunterrutschen?

20

20

20

20

20

MAI

Was steht auf meiner To-do-Liste ganz oben?

20

20

20

20

20

Über welche Nachricht habe ich mich gefreut?

20

20

20

20

20

Was macht mich einzigartig?

MAI

20

20

20

20

20

MAI

Was ist das Schönste,
was ich besitze?

20

20

20

20

20

JUNI

In welcher Situation
habe ich Mut bewiesen?

20

20

20

20

20

JUNI

Welche besondere Gabe würde ich gerne besitzen?

20

20

20

20

20

Wie trage ich meine Haare zurzeit am liebsten?

JUNI

20 ....

20 ....

20 ....

20 ....

20 ....

JUNI

Mit wem habe ich heute zu Mittag gegessen?

20

20

20

20

20

Wofür kämpfe ich
mit ganzer Kraft?

JUNI

20

20

20

20

20

JUNI

Was macht mich wütend?

20

20

20

20

20

JUNI

Was habe ich heute gelernt?

20

20

20

20

20

JUNI

Welches Risiko bin ich zuletzt eingegangen?

20 ....

....

....

....

20 ....

....

....

....

20 ....

....

....

....

20 ....

....

....

....

20 ....

....

....

....

Wann war ich zuletzt ein
richtiger Sturkopf?

JUNI

20

20

20

20

20

JUNI

Wofür ist es jetzt noch nicht zu spät?

20

20

20

20

20

Wie viel Wasser habe ich heute getrunken?

JUNI

20

20

20

20

20

JUNI

Wen habe ich heute angelächelt?

20

20

20

20

20

Was hat mir heute geholfen?

JUNI

20

20

20

20

20

Wenn Geld keine Rolle spielen würde: Welche Stiftung würde ich gerne gründen?

20

20

20

20

20

Welche Situation stellte sich später ganz anders dar, als sie zuerst schien?

JUNI

20

20

20

20

20

JUNI

Was weckt meinen Ehrgeiz?

20

20

20

20

20

Worüber spreche ich nicht gerne?

JUNI

20

20

20

20

20

Was ist für mich der Drink der Saison?

20

20

20

20

20

Wann war ich das letzte Mal eifersüchtig?

20

20

20

20

20

Was zaubert mir ein Lächeln auf die Lippen?

20

20

20

20

20

Wofür möchte ich mich entschuldigen?

JUNI

20

20

20

20

20

JUNI

Worauf habe ich ein Recht?

20

20

20

20

20

In was bin ich richtig gut?

JUNI

20 ....

....

....

....

20 ....

....

....

....

20 ....

....

....

....

20 ....

....

....

....

20 ....

....

....

....

Welche Webseiten rufe ich täglich auf?

20

20

20

20

20

Wobei hatte ich in letzter Zeit
das richtige Bauchgefühl?

JUNI

20

20

20

20

20

Was hilft mir, um zur Ruhe zu kommen?

20

20

20

20

20

Was würde mein Leben bereichern?

JUNI

20

20

20

20

20

Was habe ich heute dringend gebraucht?

20

20

20

20

20

Wann habe ich das letzte Mal geweint?

JUNI

20

20

20

20

20

Was würde ich gerne in meinem Alltag verändern?

20

20

20

20

20

Was ist mir heute passiert?

JULI

20

20

20

20

20

JULI

Mit welchen drei Adjektiven lässt sich der heutige Tag beschreiben?

20 ....

....

....

....

20 ....

....

....

....

20 ....

....

....

....

20 ....

....

....

....

20 ....

....

....

....

Was ist in meinem Leben gut,
genau so, wie es ist?

JULI

20

20

20

20

20

JULI

Welches Erlebnis hat mich zuletzt irritiert?

20

20

20

20

20

Wem habe ich heute zugehört?

5
JULI

20

20

20

20

20

JULI

Was hätte ich auch gerne?

20

20

20

20

20

7

JULI

Wie sexy fühle ich mich?

20

20

20

20

20

JULI

Hätte ich drei Wünsche frei,
wünschte ich mir ....

20

20

20

20

20

Wer hat mir heute etwas
Wichtiges gesagt?

JULI

20

20

20

20

20

JULI

Wen habe ich zuletzt verärgert?

20

20

20

20

20

Wen habe ich zuletzt gelobt?

11

JULI

20

20

20

20

20

JULI

In welches Fettnäpfchen bin ich zuletzt getreten?

20

20

20

20

20

Welche drei Bücher
bedeuten mir sehr viel?

JULI

20

20

20

20

20

JULI

In welcher Situation wäre ich gerne explodiert?

20

20

20

20

20

Welche Band finde ich gerade richtig gut?

20

20

20

20

20

Wen habe ich heute getroffen?

20

20

20

20

20

Wer ist für mich ein Held?

JULI

20

20

20

20

20

JULI

Wen könnte ich gerade zum Mond schießen?

20

20

20

20

20

Was ist für mich der
Sinn des Lebens?

JULI

20

20

20

20

20

JULI

Womit belaste ich mich unnötig?

20

20

20

20

20

Was würde ich gerne können?

JULI

20

20

20

20

20

Was finde ich an meinem Job besonders gut?

20

20

20

20

20

Welches Geheimnis trage ich mit mir herum?

JULI

20

20

20

20

20

Wer hat mir zuletzt sein Herz ausgeschüttet?

20

20

20

20

20

An welchem Ort würde ich gerne leben?

25

JULI

20 ……………………………………

……………………………………

……………………………………

……………………………………

20 ……………………………………

……………………………………

……………………………………

……………………………………

20 ……………………………………

……………………………………

……………………………………

……………………………………

20 ……………………………………

……………………………………

……………………………………

……………………………………

20 ……………………………………

……………………………………

……………………………………

……………………………………

Wie achte ich auf meine Gesundheit?

20

20

20

20

20

Was beschäftigt mich schon seit geraumer Zeit?

20

20

20

20

20

Was habe ich neulich verloren und nicht wiedergefunden?

20

20

20

20

20

Was ist mir zuletzt gut gelungen?

20

20

20

20

20

Mit wem könnte ich auf einer einsamen Insel leben?

20

20

20

20

20

Was hat mich heute restlos zufrieden gemacht?

JULI

20

20

20

20

20

AUGUST

Was ist derzeit das Allerwichtigste für mich?

20

20

20

20

20

Was ist mir wirklich
total egal?

AUGUST

20

20

20

20

20

AUGUST

Wie viel Zeit verbringe ich in sozialen Netzwerken?

20

20

20

20

20

Wie sähe mein Traumhaus aus?

4
AUGUST

20

20

20

20

20

AUGUST

Was beobachte ich fast jeden Tag?

20

20

20

20

20

Welchen Ratschlag würde ich meinem 16-jährigen Ich geben?

AUGUST

20

20

20

20

20

AUGUST

Wovon brauche ich mal eine Pause?

20

20

20

20

20

Wie halte ich mich fit?

AUGUST

20 ....

20 ....

20 ....

20 ....

20 ....

AUGUST

Was nehme ich mir ganz fest vor?

20

20

20

20

20

Was habe ich nie bereut?

AUGUST

20

20

20

20

20

AUGUST

Wofür habe ich länger gebraucht, als ich gedacht hätte?

20

20

20

20

20

Mit wem wünsche ich mir ein intensives Gespräch?

AUGUST

20

20

20

20

20

AUGUST

Worüber habe ich innerlich jubiliert?

20

20

20

20

20

Auf welches Abenteuer möchte ich mich gerne einlassen?

AUGUST

20

20

20

20

20

AUGUST

Bei welcher Gelegenheit war ich zu mir zu streng?

20

20

20

20

20

Mit wem möchte ich mich
wieder versöhnen?

20

20

20

20

20

AUGUST

Welchen Trend finde ich richtig gut?

20

20

20

20

20

Welcher Trend gefällt mir gar nicht?

20

20

20

20

20

AUGUST

Was möchte ich in meiner Wohnung verschönern?

20

20

20

20

20

Welche Erinnerung ist mir besonders kostbar?

AUGUST

20

20

20

20

20

AUGUST

Was hatte ich heute an?

20

20

20

20

20

In was fehlt mir einfach die Übung?

20

20

20

20

20

AUGUST

Wer hat mir heute gefallen?

20

20

20

20

20

Wo fühle ich mich geborgen?

AUGUST

20

20

20

20

20

Wobei zögere ich?

20

20

20

20

20

Was hat mich sprachlos gemacht?

AUGUST

20

20

20

20

20

Was tue ich für die Umwelt?

20

20

20

20

20

Was frühstücke ich am liebsten?

20 ....

....

....

....

20 ....

....

....

....

20 ....

....

....

....

20 ....

....

....

....

20 ....

....

....

....

AUGUST

Wen würde ich gerne besser kennenlernen?

20

20

20

20

20

Was ist mir heute plötzlich
in den Sinn gekommen?

AUGUST

20 ....

20 ....

20 ....

20 ....

20 ....

AUGUST

Wie viel Zeit hatte ich heute ganz allein für mich?

20

20

20

20

20

Was möchte ich gerne einmal ausprobieren?

SEPTEMBER

20

20

20

20

20

SEPTEMBER

Wobei habe mich mir die Finger verbrannt?

20

20

20

20

20

Mit wem habe ich heute die meiste Zeit verbracht?

SEPTEMBER

20

20

20

20

20

SEPTEMBER

Wer ging mir heute gehörig auf den Wecker?

20

20

20

20

20

In welcher Situation war ich das letzte Mal schüchtern?

SEPTEMBER

20

20

20

20

20

SEPTEMBER

Mit welchen drei Adjektiven würde ich mich beschreiben?

20

20

20

20

20

Wann habe ich zuletzt
auf mein Herz gehört?

SEPTEMBER

20

20

20

20

20

SEPTEMBER

Mit wem würde ich gerne mal einen Tag tauschen?

20

20

20

20

20

Was ist mein
Lieblingsschimpfwort?

SEPTEMBER

20

20

20

20

20

SEPTEMBER

Was stimmt mich nachdenklich?

20

20

20

20

20

Was stimmt mich zärtlich?

SEPTEMBER

20

20

20

20

20

SEPTEMBER

Wann war ich das letzte Mal einen Tag lang offline?

20

20

20

20

20

Wen frage ich gerne um Rat?

20

20

20

20

20

SEPTEMBER

Woran zweifele ich?

20

20

20

20

20

Was motiviert mich?

SEPTEMBER

20 ....

....

....

....

20 ....

....

....

....

20 ....

....

....

....

20 ....

....

....

....

20 ....

....

....

....

SEPTEMBER

Welches Geheimnis wurde mir zuletzt anvertraut?

20

20

20

20

20

Was wünsche ich mir
gerade am meisten?

SEPTEMBER

20

20

20

20

20

SEPTEMBER

Auf welchem Gebiet bin ich absoluter Experte?

20

20

20

20

20

Wo komme ich auf
die besten Ideen?

SEPTEMBER

20

20

20

20

20

Wonach sehne ich mich?

20

20

20

20

20

Was ist mein Lieblingszitat?

SEPTEMBER

20

20

20

20

20

Von welchem Team bin ich Fan?

20

20

20

20

20

Wie sieht mein Traumtag aus?

SEPTEMBER

20

20

20

20

20

Wem möchte ich gerne eine Freude bereiten?

20

20

20

20

20

Welcher Tipp hat mir sehr geholfen?

25

SEPTEMBER

20

20

20

20

20

Wie sähe eine Kontaktanzeige aus, die ich aufgeben würde?

20

20

20

20

20

An welchem besonderen Ereignis möchte ich gerne teilnehmen?

SEPTEMBER

20

20

20

20

20

Mit wem möchte ich wieder mehr Zeit verbringen?

20

20

20

20

20

Welche unerwartete Begegnung hatte ich heute?

SEPTEMBER

20

20

20

20

20

Was hat mich ziemlich verwirrt?

20

20

20

20

20

Was hat mich verzaubert?

OKTOBER

20

20

20

20

20

OKTOBER

Was würde ich mit
1 Million Euro machen?

20

20

20

20

20

Mit wem würde ich gerne mal
eine Nacht verbringen?

OKTOBER

20

20

20

20

20

OKTOBER

Worauf kann ich gerade gut verzichten?

20

20

20

20

20

Was brauche ich
gerade täglich?

OKTOBER

20

20

20

20

20

OKTOBER

Was muss jetzt getan werden oder nie?

20

20

20

20

20

Welches Kompliment hat man
mir zuletzt gemacht?

OKTOBER

20

20

20

20

20

OKTOBER

Welche geheime Fantasie
würde ich gerne ausleben?

20

20

20

20

20

Welchen Trumpf habe ich
auf der Hand?

OKTOBER

20

20

20

20

20

OKTOBER

Welchen Duft mag ich zurzeit besonders gerne?

20

20

20

20

20

Wann habe ich zuletzt die Nacht zum Tag gemacht?

OKTOBER

20

20

20

20

20

OKTOBER

Wie viele Klamotten flögen aus dem Schrank, wenn ich diesen heute ausmisten würde?

20

20

20

20

20

Welches politische Thema interessiert mich derzeit am meisten?

OKTOBER

20

20

20

20

20

OKTOBER

Wie lange war ich heute an der frischen Luft?

20

20

20

20

20

Vergeht mir die Zeit gerade zu langsam oder zu schnell?

OKTOBER

20

20

20

20

20

OKTOBER

Wie viel Rücksicht nehme ich auf andere?

20

20

20

20

20

Was habe ich mir heute
Schönes gekocht?

20

20

20

20

20

OKTOBER

Welchen Vorsatz habe ich in die Tat umgesetzt?

20

20

20

20

20

Was lässt mein Herz höherschlagen?

OKTOBER

20

20

20

20

20

Wie verbringe ich am liebsten meine Freizeit?

20

20

20

20

20

Was war heute ganz schön spannend?

20

20

20

20

20

OKTOBER

Was bedeutet Glück für mich?

20 ....

....

....

....

20 ....

....

....

....

20 ....

....

....

....

20 ....

....

....

....

20 ....

....

....

....

Worüber bin ich erleichtert?

OKTOBER

20 ....

....

....

....

20 ....

....

....

....

20 ....

....

....

....

20 ....

....

....

....

20 ....

....

....

....

Was kann ich einfach nicht vergessen?

20

20

20

20

20

Welchen Telefonanruf schiebe ich schon lange vor mir her?

20

20

20

20

20

Wann und wofür habe ich zuletzt gebetet?

20

20

20

20

20

Mit wem möchte ich einmal
Klartext sprechen?

20

20

20

20

20

OKTOBER

Was finde ich an alten Menschen faszinierend?

20

20

20

20

20

Was finde ich an Kindern faszinierend?

OKTOBER

20

20

20

20

20

OKTOBER

Womit sollte ich Schluss machen?

20

20

20

20

20

Wovon lasse ich mich
gerne gruseln?

OKTOBER

20 ....

20 ....

20 ....

20 ....

20 ....

NOVBEMBER

An was glaube ich?

20

20

20

20

20

Welches Obst esse ich am liebsten?

NOVEMBER

20

20

20

20

20

NOVEMBER

Über welchen Witz habe ich zuletzt gelacht?

20

20

20

20

20

Welche Superkraft
hätte ich gerne?

NOVEMBER

20

20

20

20

20

NOVEMBER

Welche selbstlose Geste hat mich beeindruckt?

20

20

20

20

20

6

NOVEMBER

Was finde ich unwiderstehlich?

20

20

20

20

20

NOVEMBER

Was ist meine Achillesferse?

20

20

20

20

20

Was hilft bei grauem Wetter?

NOVEMBER

20

20

20

20

20

NOVEMBER

In welchen Situationen sollte ich in Zukunft besser erst einmal bis drei zählen, bevor ich mich einschalte?

20

20

20

20

20

Gesetzt den Fall, ich müsste nicht mehr schlafen: Was würde ich in dieser Zeit tun?

NOVEMBER

20

20

20

20

20

NOVEMBER

Wann habe ich zuletzt
Nein gesagt?

20

20

20

20

20

Was ist mir wichtiger:
Zeit oder Geld?

NOVEMBER

20

20

20

20

20

NOVEMBER

Wer ist mein größtes Vorbild?

20

20

20

20

20

Auf was warte ich?

NOVEMBER

20

20

20

20

20

Welche meiner Wünsche sind zuletzt in Erfüllung gegangen?

20

20

20

20

20

Wer tröstet mich am besten,
wenn ich traurig bin?

NOVEMBER

20

20

20

20

20

NOVEMBER

Wie alt bin ich und wie alt fühle ich mich?

20

20

20

20

20

Welche Person in meinem Umfeld
tut mir eigentlich gar nicht gut?

NOVEMBER

20

20

20

20

20

NOVEMBER

Was ist mein liebstes Kleidungsstück?

20

20

20

20

20

Von welcher Illusion musste ich mich verabschieden?

NOVEMBER

20 ……………………………………………

……………………………………………

……………………………………………

……………………………………………

20 ……………………………………………

……………………………………………

……………………………………………

……………………………………………

20 ……………………………………………

……………………………………………

……………………………………………

……………………………………………

20 ……………………………………………

……………………………………………

……………………………………………

……………………………………………

20 ……………………………………………

……………………………………………

……………………………………………

……………………………………………

Was fand ich heute wunderbar?

20

20

20

20

20

Welcher Spruch ist einfach wahr?

NOVEMBER

20

20

20

20

20

NOVEMBER

Welches Rätsel möchte ich lösen?

20

20

20

20

20

Wem möchte ich so richtig die Meinung geigen?

NOVEMBER

20

20

20

20

20

NOVEMBER

Was war heute die Hauptmeldung in den Nachrichten?

20

20

20

20

20

Welches Experiment möchte ich gerne ausführen?

NOVEMBER

20

20

20

20

20

Was hat mich zuletzt vor Freude strahlen lassen?

20

20

20

20

20

Worauf bin ich neugierig?

NOVEMBER

20

20

20

20

20

Welche drei Dinge hellen meine Stimmung sofort auf?

20

20

20

20

20

Was habe oder hätte ich
heute getwittert?

20

20

20

20

20

DEZEMBER

Was wünsche ich mir
zu Weihnachten?

20

20

20

20

20

Wann war ich das letzte Mal in einer Kirche und warum?

DEZEMBER

20

20

20

20

20

DEZEMBER

Wie viel Geld habe ich auf dem Konto?

20

20

20

20

20

Was hat mein letzter
Gesundheitscheck ergeben?

DEZEMBER

20 ....

....

....

....

20 ....

....

....

....

20 ....

....

....

....

20 ....

....

....

....

20 ....

....

....

....

DEZEMBER

Wie viele neue Freundschaften habe ich dieses Jahr geschlossen?

20

20

20

20

20

Mit wem war ich das letzte Mal richtig albern?

DEZEMBER

20

20

20

20

20

7
DEZEMBER

Welche Weihnachtsgeschenke bekommen meine Lieben von mir?

20

20

20

20

20

Wem habe ich heute ein
Kompliment gemacht?

DEZEMBER

20

20

20

20

20

DEZEMBER

Wie weihnachtlich ist mir zumute?

20

20

20

20

20

Was war die beste Entscheidung, die ich dieses Jahr getroffen habe?

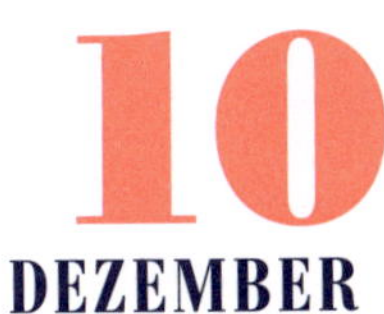

DEZEMBER

20

20

20

20

20

DEZEMBER

Wer hat mich zuletzt besucht?

20 ……………………………………………

……………………………………………

……………………………………………

……………………………………………

20 ……………………………………………

……………………………………………

……………………………………………

……………………………………………

20 ……………………………………………

……………………………………………

……………………………………………

……………………………………………

20 ……………………………………………

……………………………………………

……………………………………………

……………………………………………

20 ……………………………………………

……………………………………………

……………………………………………

……………………………………………

Wem vertraue ich blind?

DEZEMBER

20

20

20

20

20

Welche Filme fand ich dieses Jahr richtig sehenswert?

20

20

20

20

20

Welche Künstlerin oder welcher Künstler hat mich dieses Jahr beeindruckt?

DEZEMBER

20

20

20

20

20

DEZEMBER

Mit wem möchte ich noch Glühwein trinken?

20

20

20

20

20

Worauf achte ich gerade ganz bewusst?

20 ______ ....

....

....

....

20 ______ ....

....

....

....

20 ______ ....

....

....

....

20 ______ ....

....

....

....

20 ______ ....

....

....

....

DEZEMBER

Wie mache ich es mir zu Hause am liebsten gemütlich?

20

20

20

20

20

An welchen Ort möchte ich unbedingt noch mal verreisen?

20

20

20

20

20

DEZEMBER

Wer hat bei mir einen Stein im Brett? Und weshalb?

20 ....

....

....

....

20 ....

....

....

....

20 ....

....

....

....

20 ....

....

....

....

20 ....

....

....

....

Wen vermisse ich?

20

20

20

20

20

Über welche Erfolge habe ich mich in diesem Jahr gefreut?

20

20

20

20

20

Was habe ich dieses Jahr
über mich gelernt?

DEZEMBER

20 ....

....

....

....

20 ....

....

....

....

20 ....

....

....

....

20 ....

....

....

....

20 ....

....

....

....

Was ist mein nächster wichtiger Schritt?

20 ....

....

....

....

20 ....

....

....

....

20 ....

....

....

....

20 ....

....

....

....

20 ....

....

....

....

Mit welchem Gefühl bin ich heute aufgewacht?

20

20

20

20

20

Was war mein schönstes Weihnachtsgeschenk?

20

20

20

20

20

Wofür bin ich dankbar?

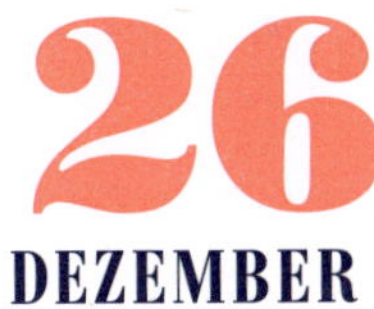

20

20

20

20

20

Welche Nachricht hat mich dieses Jahr betrübt?

20

20

20

20

20

Und was war die beste
Nachricht in diesem Jahr?

DEZEMBER

20 ....

....

....

....

20 ....

....

....

....

20 ....

....

....

....

20 ....

....

....

....

20 ....

....

....

....

DEZEMBER

Was möchte ich diesen Winter unbedingt noch machen?

20

20

20

20

20

Welcher Tag war
der schönste des Jahres?

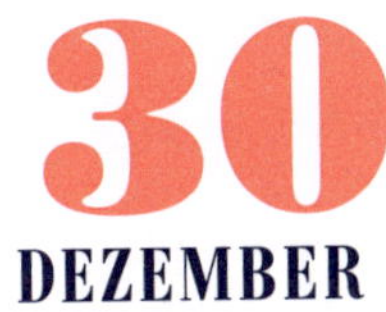

20

20

20

20

20

DEZEMBER

Mit wem und wie feiere ich Silvester?

20 ....

....

....

....

20 ....

....

....

....

20 ....

....

....

....

20 ....

....

....

....

20 ....

....

....

....